SCHIRMER'S LIBRARY
OF MUSICAL CLASSICS

WOLFGANG AMADEUS MOZART

Nineteen Sonatas
For the Piano

(ENGLISH AND SPANISH)

Revised and Edited by
RICHARD EPSTEIN

With a Biographical Sketch of the Composer by
PHILIP HALE

→ Book I (Nos. 1-10) — Library Vol. 1305

Book II (Nos. 11-19) — Library Vol. 1306

Complete   — Library Vol. 1304

Accompaniments for Second Piano by
Edvard Grieg, for Nos. 3, 4, 5 and 18,
may be found in
Library Vols. 1440-1-2-3 respectively

G. SCHIRMER, Inc.

DISTRIBUTED BY

HAL•LEONARD®
CORPORATION
7777 W. BLUEMOUND RD. P.O. BOX 13819 MILWAUKEE, WI 53213

THE creator of "Don Giovanni," the G minor symphony, and the string quartets dedicated to Haydn, was in many respects the greatest pianist of his day. Born in Salzburg, Jan. 27, 1756, Johannes Chrysostomus Wolfgangus Theophilus Mozart was a wonder-child. When he was three years old he picked out thirds on the pianoforte; the pieces which he wrote in his sixth and seventh year show melody, natural harmony, and the elegance that is peculiar to Mozart. He was taught by his father Leopold with a great love controlled by shrewd sense and musical knowledge. In 1762 the boy and his eleven-year old sister Maria Anna were taken to Vienna, where they played before Francis I. and in aristocratic circles; Wolfgang did not then play in public. In 1763 he gave concerts in German towns; the Pompadour saw him at Versailles; the next year George III. of England tried him with hard questions. The Italians in 1768-9 marveled at his genius, and in one instance looked on him with superstitious awe. In 1777 the pianoforte improvements of Stein of Augsburg gave Mozart ideas of the possible resources of the instrument. After he made Vienna his home (1781) it was his custom to play in concerts his own compositions, and to improvise. For each concert he composed a concerto. Nor was his appearance confined to Vienna. Prague, Dresden, Berlin, Leipzig, Mannheim and Munich wondered at the indescribable beauty of his tone and the wealth of his imagination. After 1788 he was heard very seldom in Vienna, and his last appearance as a pianist was March 4th, 1791, the year of his death (Dec. 5).

The fame of the virtuoso is often an unreal thing, magnified or distorted by the testimony of prejudiced contemporaries; in the case of Mozart, we not only have the unanimous testimony of skilled musicians of his day, we have also the personal record of his ideas concerning pianoforte-playing.

His hands were small, and the spectator wondered that they could grasp full chords; his system of fingering, derived from the study of Ph. Em. Bach, cured natural limitations. The hands were beautiful; they pleased the eye, although they were useless in the cutting of his meat. He avoided all facial and bodily movements that smacked of affectation. According to him the player should have quiet hands; their lightness, suppleness, and unhindered speed should turn difficult passages into "flowing oil." He warned constantly against undue speed and hurrying; for they result only in slovenliness and bungling; and he knew how easy it was to play rapidly and with brilliant inaccuracy. It grieved him when people expected of him digital dexterity akin to acrobatism or thaumaturgy, people unable to follow him in pure musical fantasy. He insisted on a strict observance of time, and he kept with the beat so strictly that even in the free use of *tempo rubato* in an adagio, the hands preserved unity in rhythm. He laid special stress on accuracy, the sure and easy conquering of technical difficulties, fineness of taste in the de-livery, force regulated by the expression. So in reading at sight, he demanded the observance of the proper tempo, the careful elaboration of the ornaments, the fitting expression: the player should seem to be the composer. It is not surprising then that Rochlitz spoke of "the heavenly pleasure given by the elegance and the heart-melting tenderness of his performance"; that Haydn wept at the remembrance of his "incomparable play"; that Clementi, the most brilliant pianist of that day, declared that he had never heard any one surpass Mozart in charm and intelligence.

As a teacher of the pianoforte he was not methodical in his instruction, and he taught rather by playing to his pupils than by listening and correcting. His most celebrated pupil was Hummel, who lived in his house two years and learned there the pure touch, the rounding of the phrase, the finish and the elegance, the facility in-improvising that distinguished the performance of his master.

Constant intercourse with singers of the Italian school and his intimate knowledge of the violin influenced strongly the melody of his pianoforte compositions. The concertos are the finest of these works, and although their effect when first heard was greatly enhanced by his ingenious and beautiful improvisations introduced according to the habit of the day, they must ever command the respect of musicians on account of their workmanship The orchestra is developed; the pianoforte, used as an orchestral instrument, preserves its individuality; neither the orchestra nor the pianoforte dominates, they are parts of an organic whole that is beautiful in color. In the other compositions for the pianoforte, as the variations, the rondos, the fantasias, the sonatas, and the trios for pianoforte and strings, there is melody, perhaps too lavishly expended; fine taste, elegance; passion or strong emotion seldom enters. The slow movement of the sonata was in those days rather artificial, intended as the vehicle of ornamentation. Many of his works were written for the benefit of his pupils and amateurs. There are notable exceptions: the tender A minor rondo, the noble fantasia that introduces the fine sonata in C minor, which hints strongly at the sonatas of Beethoven. The passages of his pianoforte compositions are built chiefly of scale and arpeggio material; there is a comparative absence of the technical difficulties introduced by Clementi; and there is everywhere the carrying-out of his belief that music should first of all be agreeable to the ear. These compositions not only give sensuous enjoyment; they are invaluable to the student as a means of cultivating absolute clearness, equality of scale and evenness of arpeggio, the value of serenity, faultless precision, and above all the great art of singing a melody. The apparent simplicity of many of these works is a stumbling block to the superficial, for no music exposes more quickly a faulty mechanism and a lack of taste than the pellucid pianoforte speech of the great Mozart. PHILIP HALE.

A Note on the Numbering of the Sonatas

It should be borne in mind that the Roman numeral that stands at the head of each sonata in this edition is purely editorial and conventional, and gives no clue to the order in which the compositions were written. That order, however, is the basis of the numbers assigned to the sonatas in Ludwig von Köchel's *Chronologisch-thematisches Verzeichnis sämtlicher Tonwerke Wolfgang Amadeus Mozarts* (3rd ed., revised by Dr. Alfred Einstein, 1937). Placing in numerical succession the "Köchel-numbers" given in the Thematic Index of this edition, we have the chronological sequence of the sonatas, which—together with more specific indications of date furnished by Dr. Einstein in his revision of the *Verzeichnis*—is as follows:

1. [K. 189d], Sonata VIII, Summer 1774
2. [K. 189e], Sonata II, Autumn 1774
3. [K. 189f], Sonata VI, Autumn 1774
4. [K. 189g], Sonata XVII, End of 1774
5. [K. 189h], Sonata V, End of 1774
6. [K. 205b], Sonata IX, Feb. or Mar. 1775
7. [K. 284b], Sonata X, Nov. 8, 1777
8. [K. 284c], Sonata XII, Early Nov. 1777
9. [K. 300d], Sonata XIV, Early summer 1778
10. [K. 300h], Sonata XI, Summer 1778
11. [K. 300i], Sonata XVI, Summer 1778
12. [K. 300k], Sonata I, Summer 1778
13. [K. 315c], Sonata VII, Late summer 1778
14. [K. 475 and 457], Fantasia and Sonata XVIII, Oct. 14, 1784—May 20, 1785
15. [K. 498a], Sonata XIX, Aug. 1786
16. [K. 533 and 494], Sonata IV, June 10, 1786—Jan. 3, 1788
17. [K. 545], Sonata III, June 26, 1788
18. [K. 547a], Sonata XIII, After June 26, 1788
19. [K. 576], Sonata XV, July 1789

In the foregoing list, the sixth number (Sonata IX) might be designated as the "Dürnitz Sonata", after the person for whom it was written. The fourteenth (Sonata XVIII) is seen to consist of two compositions, which Mozart himself in the first edition (1785, Artaria, Vienna) brought into the relationship that they here exhibit and dedicated to his pupil Therese von Trattner. The fifteenth (Sonata XIX) may be in part not by Mozart: it was published posthumously, and the original manuscript seems to be no longer extant. The sixteenth (Sonata IV) is seen to consist, again, of portions written at different times, but assembled by Mozart himself into a sonata in the first edition (*c.* 1790).

The limitation of the numbers in the present edition to nineteen has been prompted by the editor's purpose of bringing together all the complete sonatas written entirely or substantially by Mozart and published, in the first instance, for the piano. Isolated movements—allegros, minuets, etc.—which may have been intended as parts of sonatas never completed, have not been included. Nor has the sonata [K. 570], which in its first edition (1796, Artaria, Vienna) was—to quote from Dr. Einstein's revision of Köchel, p. 719—"printed with an accompanimental Violin part obviously not Mozart's". That sonata, in essentially the form in which it was first published, will be found as No. 14 in the Schradieck edition of Mozart's sonatas for Piano and Violin (Schirmer's Library, Vol. 836); and, if the pianist wishes to play it as a solo, he may simply disregard the non-essential Violin part. Otherwise—that is, within the limitations here set down—the nineteen numbers in the present edition include all the published piano sonatas that are generally regarded as authentic.

El creador de "Don Giovanni", de la sinfonía en Sol menor y el cuarteto de cuerdas dedicado a Haydn, Juan Crisóstomo Wolfgang Teófilo Mozart, nacido en Salzburg, el día 27 de Enero de 1756, fué un genio desde su más tierna edad, considerándosele como uno de los más insignes pianistas de su época. Al cumplir tres años tocaba correctamente terceras en el pianoforte y las piezas que compuso cuando contaba de seis a siete años tienen melodía y demuestran la riqueza

armónica y la elegancia que le son peculiares. Su padre Leopoldo enseñó al niño con gran amor unido a buen sentido y extensos conocimientos musicales. En 1762, Mozart y su hermanita María Ana, que a la sazón contaba once años, fueron a Viena, compareciendo ante Francisco I. y los círculos aristocráticos. Entonces Mozart aun no tocaba en público. En 1763 dió conciertos en ciudades alemanas y la Pompadour le vió en Versalles; el año siguiente Jorge III. de Inglaterra quiso cerciorarse de sus conocimientos haciéndole difíciles preguntas. Durante el transcurso de 1768-9 los italianos se maravillaron de su genio y hasta le miraron con temor supersticioso. Las innovaciones de Stein de Ausburgo en el pianoforte (1777), dieron idea a Mozart de las grandes posibilidades del instrumento. Cuando en Viena hizo su hogar en 1781, acostumbraba tocar en los conciertos sus propias composiciones y al mismo tiempo improvisaba; para cada uno de éstos escribía él un concierto. No se limitó a dejarse oir en Viena únicamente, sino que deleitó al público de Prague, Dresdén, Berlín, Leipzig, Mannheim y Munich teniéndose la oportunidad de gozar en esas ciudades de la exquisita dulzura de sus melodías y su rica imaginación creadora. Pasado el año 1788 se dejó oir muy pocas veces en Viena y tocó por última vez en público el día 4 de Marzo de 1791, año en que falleció el 5 de Diciembre.

La fama del virtuoso es a menudo cosa efímera, aumentada o pervertida por el prejuicio de sus contemporáneos; empero de Mozart, no solamente tenemos el testimonio unánime de todos los grandes músicos de su tiempo, sino que también él nos legó sus propias ideas acerca del modo como debe tocarse el piano.

Sus manos eran pequeñas, tan pequeñas, que maravillaba a su auditorio el ver como podía él alcanzar los acordes enteros, pero su sistema de digitación, derivado del estudio de Felipe Emanuel Bach vencía toda limitación

natural. No solo eran chiquitas sus manos, sino que también muy bellas y aunque agradaban a la vista eran poco útiles para cosas prácticas. Jamás mostraba su faz expresiones exageradas ni hacía gestos que pudieran tacharse de afectación. Según él, todo pianista debe tener las manos tranquilas dejando que la agilidad de los veloces dedos permita ejecutar los pasajes más difíciles con calma facilidad y no atropelladamente, siendo Mozart ejemplo de cuan fácil es tocar con rapidez y brillante exactitud. Entristecíase cuando personas incapaces de apreciar su pura fantasía musical esperaban de él acrobatismos y taumaturgia. Siempre insistía en la estricta observancia del compás y en toda ocasión tocaba tan a tiempo que aun en los pasajes libres del *tempo rubato*, en los adagios, sus manos observaban la unidad del ritmo. Ponía empeño en que todo se tocara correctamente, que se vencieran las dificultades técnicas con precisión y facilidad y que la fuerza fuera regida por la expresión. También al repentizar exigía que se observara estrictamente el compás y que los diversos matices y adornos se interpretaran debidamente de manera que el ejecutante pareciese ser el compositor. No es de sorprender pues que Rochlitz comentara sobre el "celestial placer que daba la elegancia y emocionante ternura de su divina ejecución," que Haydn llorara al recordar su "incomparable maestría," que Clementi, el más eximio pianista de su época, afirmara que jamás había oido quien le superara en encanto ni en inteligencia.

Como maestro del piano no fué muy metódico, prefiriendo enseñar con su ejemplo, o sea tocando ante sus discípulos, en vez de escucharles, corrigiendo sus faltas. El más célebre de ellos fué Hummel, que vivió en casa de Mozart por espacio de dos años y allí adquirió la consumada maestría, elegancia, delicadeza y facilidad en la improvisación que distinguían a su insigne maestro.

El continuo roce con los cantantes de la escuela italiana y su íntimo conocimiento del violín influyeron en gran parte a modular la melodía de sus composiciones para piano. Los conciertos son sus más valiosas obras y aunque es verdad que cuando por vez primera se oyeron fueron embellecidos con las ricas improvisaciones que él les puso, según la usanza de aquellos tiempos, sin embargo siempre han de merecer el respeto de todo músico por la maestría de su forma. Tienen la instrumentación bien desarrollada y el piano resulta como una orquestación en si mismo, aunque cada cual retiene su individualidad no dominando el uno sobre el otro, sino que forman parte de un conjunto de indescriptible belleza. En las otras composiciones para piano, tales como sus variaciones, rondós, fantasías, sonatas, trios de piano e instrumentos de cuerda, hay un derroche de exquisita melodía, buen gusto y elegancia, pero la pasión y otras emociones fuertes pocas veces se hacen sentir. Los movimientos lentos de las sonatas se consideraban entonces como algo artificial destinados principalmente para servir de fundamento a los adornos que se improvisaban. Muchas de las composiciones las escribió para sus discípulos y aficionados aunque, sin embargo, hay notables excepciones, siendo algunas: el tierno rondó en "La" menor y la notable fantasía introductora de la hermosa Sonata en "Do" menor, las cuales recuerdan las Sonatas de Beethoven. Sus composiciones para piano constan principalmente de escalas y arpegios, notándose la ausencia de las dificultades técnicas introducidas por Clementi, pero en todas sus obras muestra Mozart palpablemente su teoría de que la música debe ser, ante todo, agradable al oido, y siendo así, no solo dan soláz al alma, sino que son de infinito valor para el cultivo de la firme igualdad y precisión en las escalas y arpegios, mostrando la eficacia de la serena ejecución sin tropiezos y sobre todo, amaestrando al discípulo en el arte de la "melodía cantada." La aparente sencillez de algunas de las composiciones de Mozart resulta ser un escollo donde se estrella la virtuosidad superficial de algunos ejecutantes puesto que no hay música que demuestre más a lo vivo y con mayor claridad la incorrecta técnida y falta de gusto, como el díafano y trasparente discurso musical del inmortal Mozart.

PHILIP HALE,
Traducción de M. C. Bóveda.

Breve explicacion acerca de la numeracion de las sonatas.

Hay que fijarse en que la numeración, en cifra romana, que se halla al principio de cada sonata de esta edición atañe sencillamente a razones editoriales y convencionales, es decir, que no indican en lo más mínimo al órden en que dichas obras fueron escritas. Sin embargo ese es el órden que se les dió a las sonatas en la obra de Ludwig von Köchel *Chronologisch-thematisches Verzeichnis sämtlicher Tonwerke Wolfgang Amadeus Mozarts* (3a edición, revisada por el Dr. Alfred Einstein, 1937). Arreglando sucesivamente los "números de Köchel" que están en el Indice de los Temas de esta edición hemos obtenido el órden sucesivo de cada sonata, el cual—añadido a indicaciones más detalladas acerca de las fechas suplidas por el Dr. Einstein en su revisión del *Verzeichnis*—es como sigue:

1. [K. 189d], Sonata VIII, El verano de 1774
2. [K. 189e], Sonata II, El otoño de 1774
3. [K. 189f], Sonata VI, El otoño de 1774
4. [K. 189g], Sonata XVII, A fines de 1774
5. [K. 189h], Sonata V, A fines de 1774
6. [K. 205b], Sonata IX, Febrero o marzo de 1775
7. [K. 284b], Sonata X, 8 de noviembre de 1777
8. [K. 284c], Sonata XII, A principios de noviembre de 1777
9. [K. 300d], Sonata XIV, A principios del verano de 1778
10. [K. 300h], Sonata XI, El verano de 1778
11. [K. 300i], Sonata XVI, El verano de 1778
12. [K. 300k], Sonata I, El verano de 1778
13. [K. 315c], Sonata VII, A fines del verano de 1778
14. [K. 475 y 457], Fantasia y Sonata XVIII, Octubre 14 de 1784—mayo 20 de 1785
15. [K. 498a], Sonata XIX, Agosto de 1786
16. [K. 533 y 494], Sonata IV, Junio 10 de 1786 enero 3 de 1788
17. [K. 545], Sonata III, Junio 26 de 1788
18. [K. 547a], Sonata XIII, Después del 26 de junio de 1788
19. [K. 576], Sonata XV, Julio de 1789.

A la sonata número 6 en la lista de arriba (Sonata IX) se la puede calificar la "Sonata Dürnitz" por haber sido escrita para Dürnitz. Se ve que la sonata numero 14 (Sonata XVIII) consiste de dos composiciones, que Mozart mismo las puso en la forma que aquí las presentamos, esa sonata salió a la luz en la primera edición (1785, Artaria, Viena) y fué dedicada por Mozart a su alumna Teresa von Trattner. La sonata número 15 (Sonata XIX) puede que en parte no sea obra enteramente por Mozart; puesto que fué publicada póstumamente, y según parece, el manuscrito original ya no existe. En la sonata número 16 (Sonata IV) se vuelve a ver que hay trozos escritos en diversas ocaciones o fechas, y que luego Mozart mismo las juntó y formó de ellos una sonata en la primera edición (c. 1790).

El redactor de la presente edición impelido por el deseo de dar a conocer juntas todas las sonatas completas, escritas enteramente o en su mayoría por Mozart, que fueron publicadas por vez primera para piano, ha limitado la presente edición a diez y nueve números. No se ha incluido aquí los trozos separados, tales como—allegros, minuets, etc.—que tal vez en un principio estaban destinadas a formar sonatas pero que nunca se llevaron a cabo, tampoco hemos incluido la sonata (K. 570), la cual, según el Dr. Einstein en su revisión Köchel, p. 719, nos dice que en su primera edición (1796, Artaria, Viena) "publicada con un acompañamiento de Violin que claramente no fué obra de Mozart". Esa sonata casi en igual forma que cuando fué publicada por vez primera, es la número 14 en la edición por Schradieck, sonatas para Piano y Violin de Mozart (Schirmer's Library, Vol. 836); y, si el pianista quisiera ejecutarla solo en el piano, podría dejar a un lado la parte del violin que no sea enteramente esencial. Con esas excepciones —es decir, dentro de los limites aquí citados, las diez y nueve sonatas de la presente edición incluyen todas las obras para piano que se consideran originales.

Thematic Index
Índice Temático

The identifying numbers in brackets [ ] are those that appear in the 3rd edition
of Köchel's *Mozart-Verzeichnis* (1937). The identifying numbers in parentheses ( )
are those that appear in previous editions of Köchel's *Verzeichnis*.

Les números que aparecen en paréntesis angulares [ ] son los que corresponden a la 3a edición
del *Mozart-Verzeichnis* de Köchel (1937). Les números que aparecen en paréntesis ( ) son los
que corresponden a las ediciones previas del *Verzeichnis* de Köchel.

Sonata I

Edited, revised and fingered by
Richard Epstein

W. A. Mozart

Abbreviations: P. T., Principal Theme; Ep., Episode; S. T., Secondary Theme; M. T., Middle Theme; T., Transition; D., Development.

Abreviaciones: T. P., Tema Principal; Ep., Episodio; T. S., Tema Segundo; T. M., Tema Medio; T., Transición; D., Desarrollo.

28341

poco marcato

Close 1ª Coda

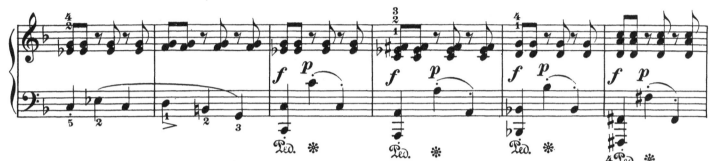

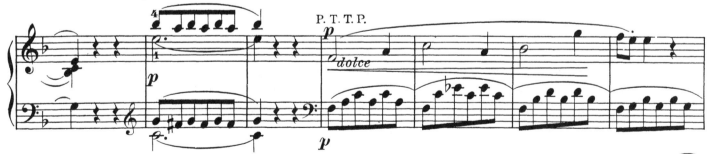

poco marcato

Close II
2ª Coda

28341

Adagio (♩ = 84)

Allegro assai (♩.= 96)

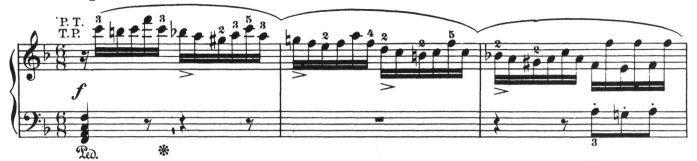

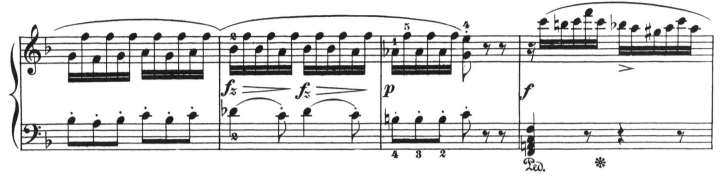

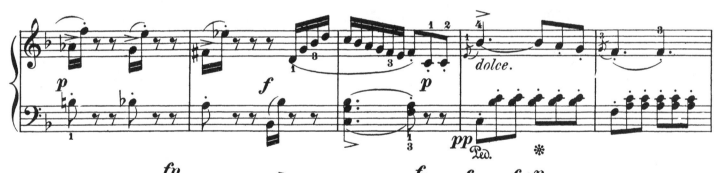

Close
Final

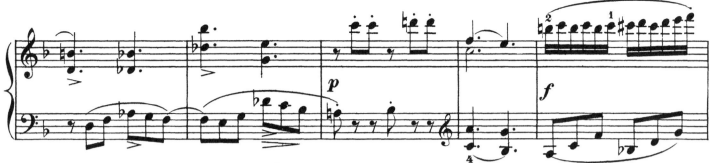

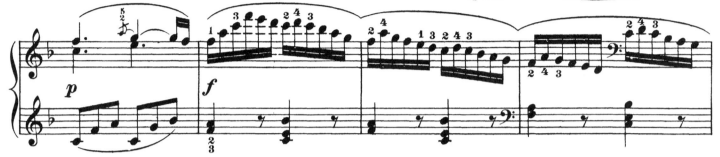

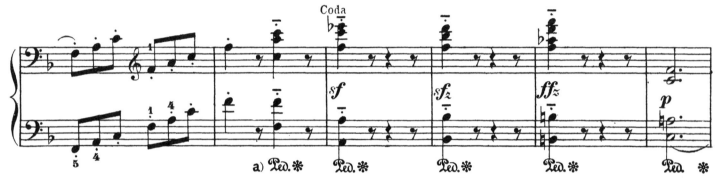

a) Keep the pedal very short each time, *quasi staccato.* | **a)** Quitese el pedal rapidamente *quasi staccato.*

Sonata II

Edited, revised and fingered by
Richard Epstein

Abbreviations: P.T., Principal Theme; S.T., Second-ary Theme; M.T., Middle Theme; D., Development.

Abreviaciones: T.P., Tema Principal; T.S., Tema Segundo; T.M., Tema Medio; D., Desarrollo.

Allegro assai (♩ = 138)

Printed in the U.S.A.
Copyright, 1918, by G. Schirmer, Inc.

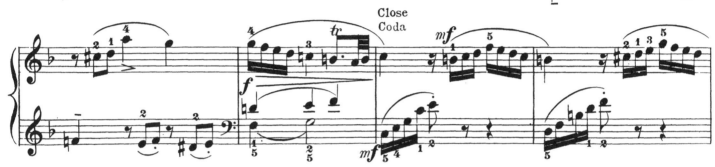

Close
Coda

28341   a)

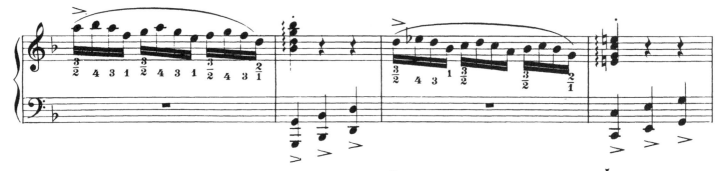

a) The lower notes F, D, F, D may be played with the left hand.

a) Las notas inferiores Fa, Re, Fa, Re pueden tocarse con la mano izquierda.

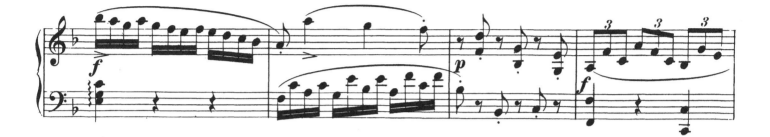

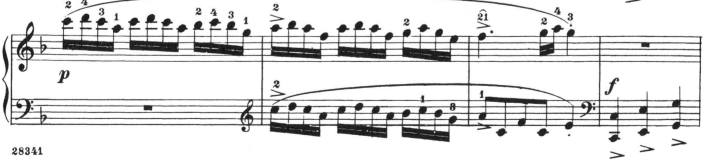

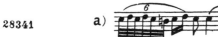

28341

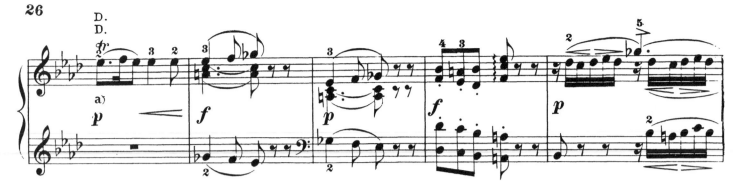

a) Como a) de la página precedente.

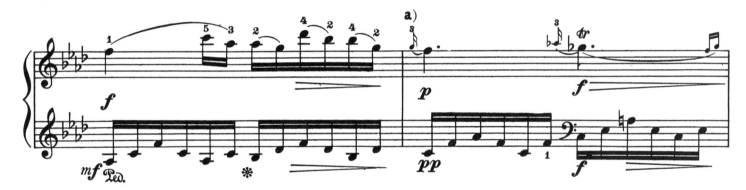

Presto (♩.=96)

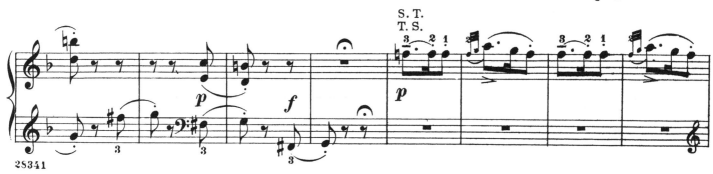

Close
Coda

Sonata III

Edited, revised and fingered by
Richard Epstein

Abbreviations: P.T., Principal Theme; S.T., Second-ary Theme; D., Development; M.T., Middle Theme.

Abreviaciones: T.P., Tema Principal; T.S., Tema Segundo; D., Desarrollo; T.M., Tema Medio.

28341

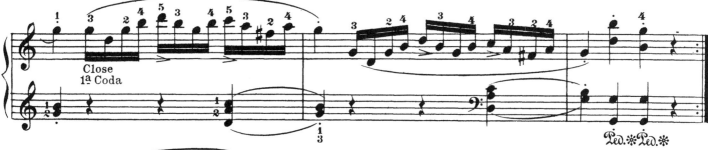

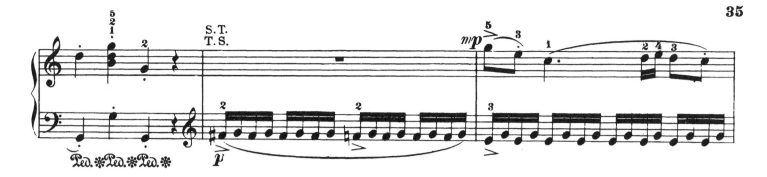

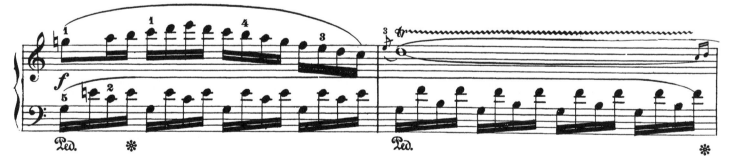

Close
2ª Coda

28341

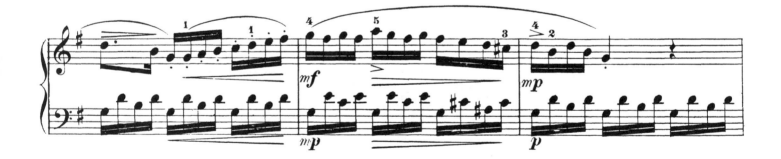

28341

28341

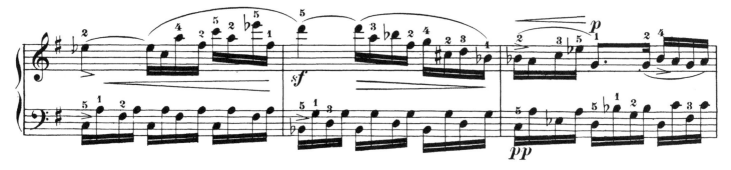

Rondo
Allegretto grazioso ($\quad$ = 104)

Sonata IV

Edited, revised and fingered by
Richard Epstein

Abbreviations: P. T., Principal Theme; S.T., Secondary Theme; Ep., Episode; T., Transition; D., Development.

Abreviaciones: T. P., Tema Principal; T. S., Tema Segundo; Ep., Episodio; T., Transición; D., Desarrollo.

W. A. MOZART

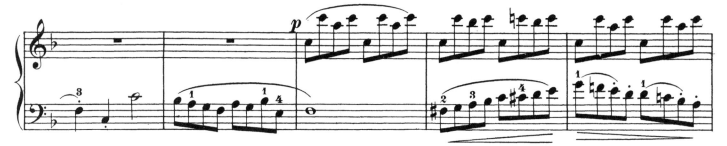

28341

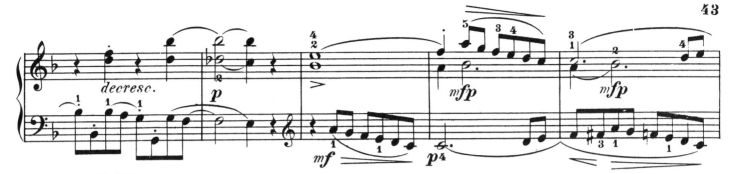

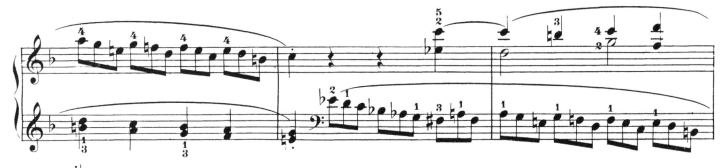

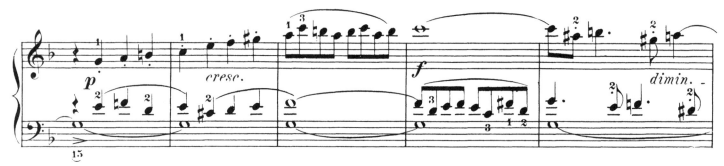

28341

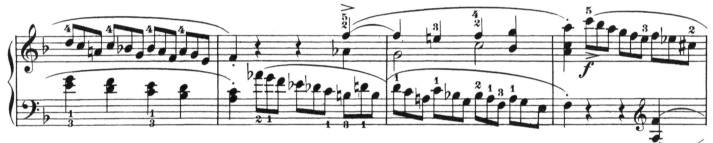

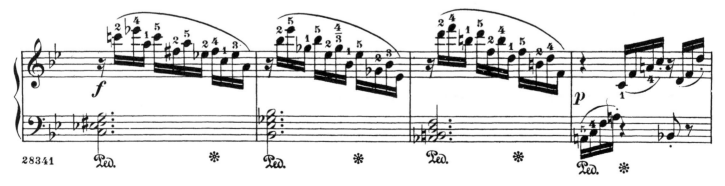

28341

Close
Coda

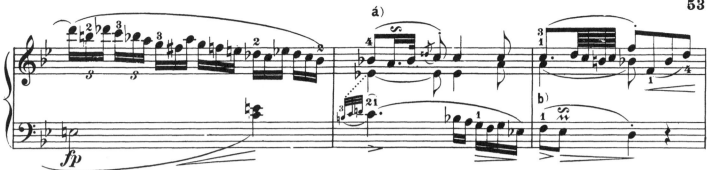

Rondo
Allegretto ($\bm{\mathit{d}} = 63$)

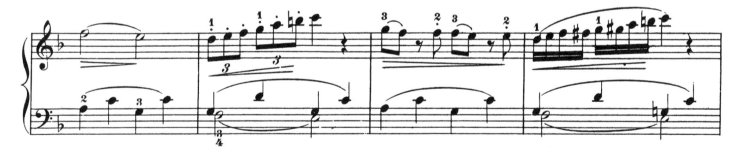

28341

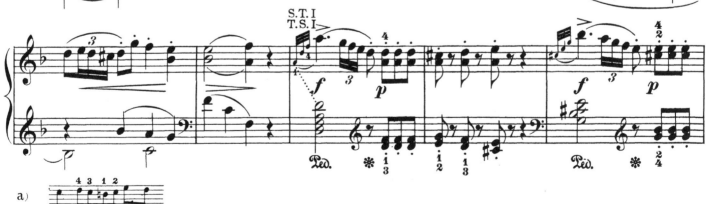

a)

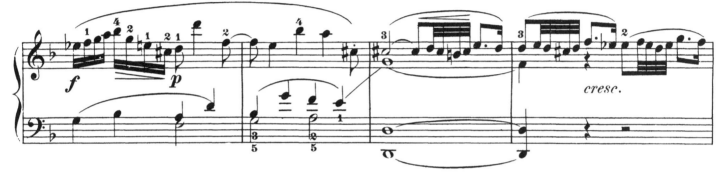

28341

Minore

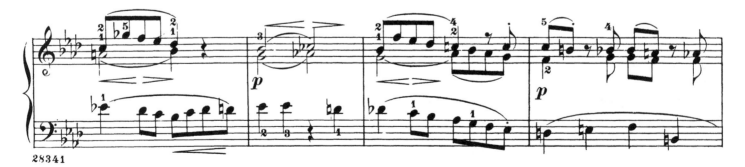

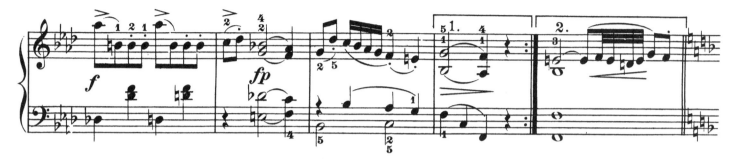

Maggiore

28341

a)
28341

a)

Sonata V*

Edited, revised and fingered by
Richard Epstein

Abbreviations: P. T., Principal Theme; Ep., Episode; S. T., Secondary Theme; M. T., Middle Theme; D., Development.

Abreviaciones: T. P., Tema Principal; Ep., Episodio; T. S., Tema Segundo; T. M., Tema Medio; D., Desarrollo.

W. A. MOZART

Allegro (♩=138)

* An accompaniment for Second Piano by Edvard Grieg may be found in Schirmer's Library, Vol. 1442.

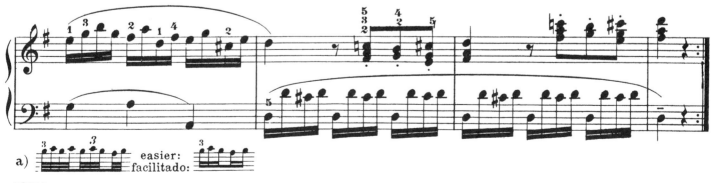

a) easier:
facilitado:

28341

64

28341

25341

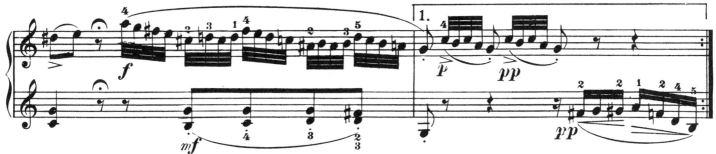

28341

Presto ($\bullet$=92)

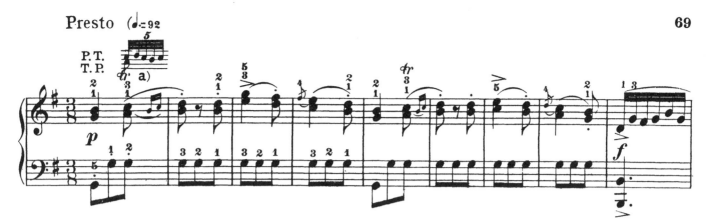

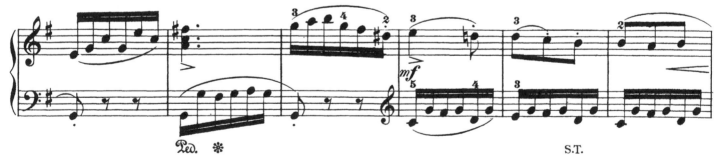

28341

a) easier:
   facilitado:

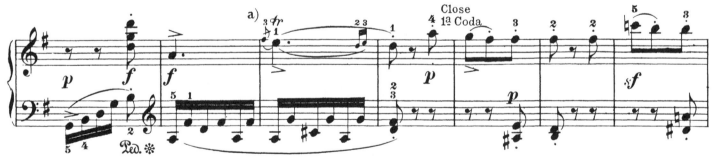

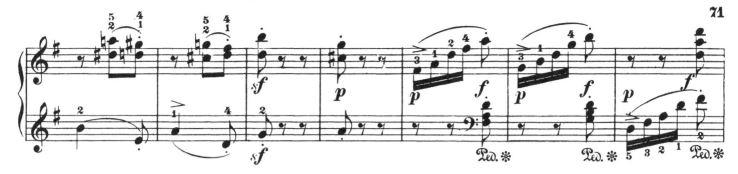

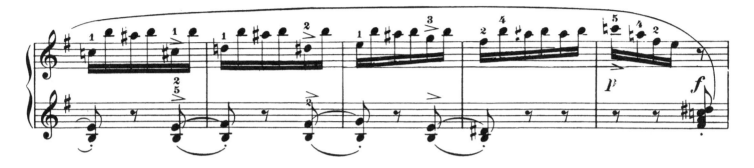

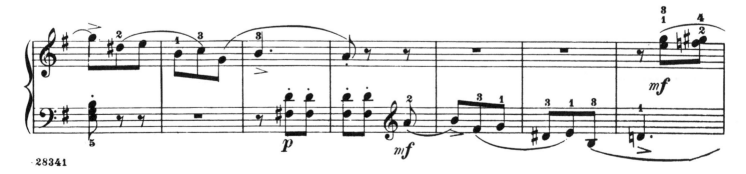

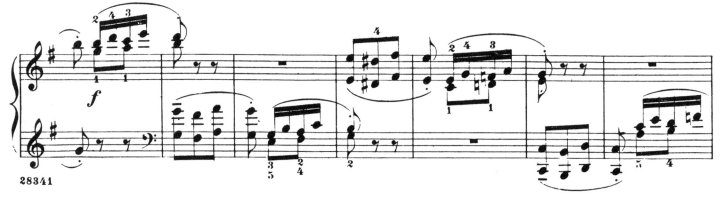

CODA

Sonata VI

Edited, revised and fingered by
Richard Epstein

Abbreviations: P. T., Principal Theme; S. T., Secondary Theme; M. T., Middle Theme; T., Transition; Ep., Episode; R., Return.

Abreviaciones: T. P., Tema Principal; T. S., Tema Segundo; T. M., Tema Medio; T., Transición; Ep., Episodio; R., Retorno.

a) The execution of this trill is nearly always recommended without the Turn from below; but this does not seem advisable, owing to the lack of established tonality.

Here are some exemples:

a) Por regla general recomiéndase que este trino se ejecute sin la vuelta sobre el pulgar pero ésto no parece admisible a causa de la falta de fuerza.

Véanse los ejemplos siguientes:

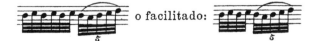

or easier: o facilitado:

a)

b) The last two 32d-notes A and F may be played with the left hand.

b) Las dos últimas triple corcheas La y Fa, se pueden tocar con la mano izquierda.

a) Compare a) page 76   a) Como a) página 76

28341

a) This trill without a turn.   a). Este trino sin la vuelta.

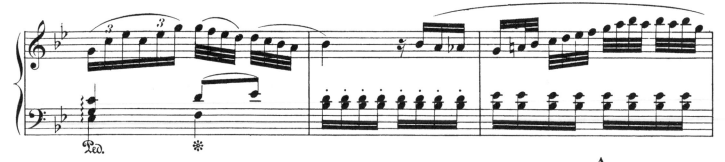

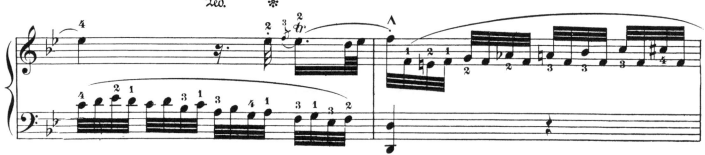

a) Compare **a**), page **79**.   a) Compárese con **a**) de la página **79**.

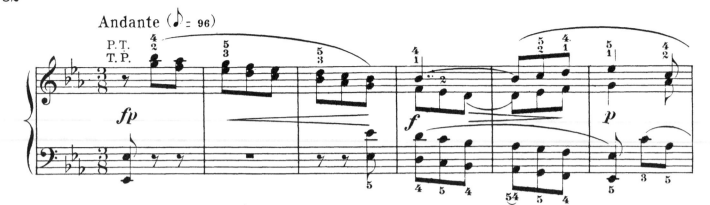

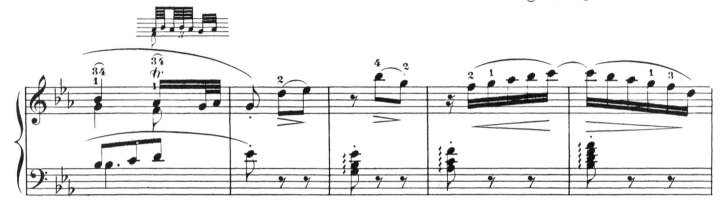

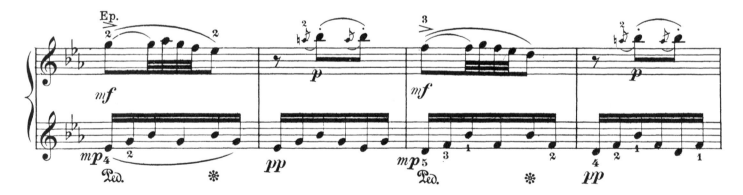

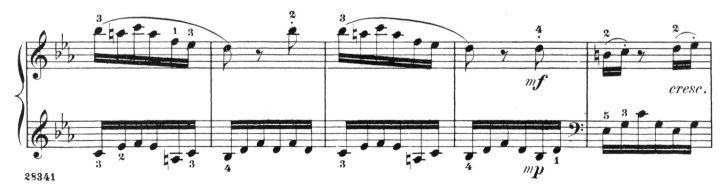

28341

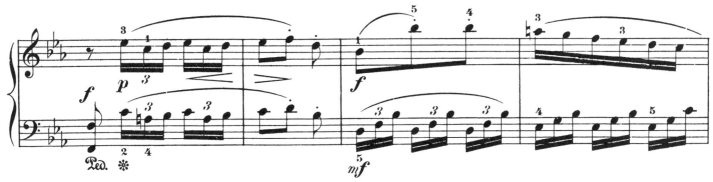

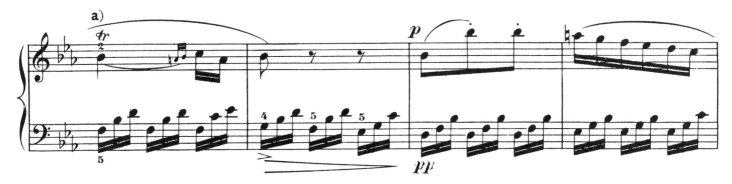

a) Start the trill with the principal note.

a) Empiécese el trino con la nota principal.

28341

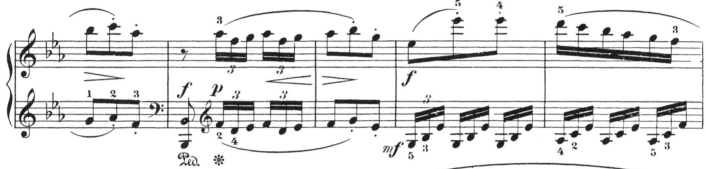

28341

Rondo

Allegro (♩ = 76)

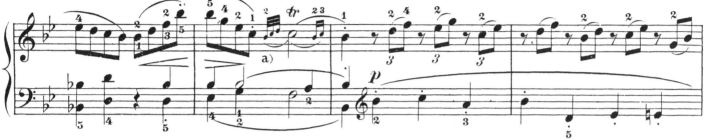

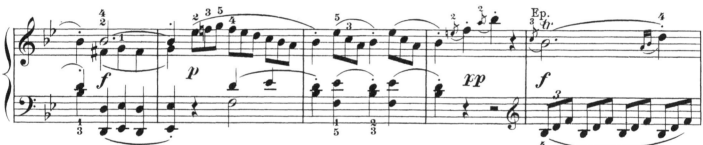

a)

This trill must start with the principal note.

Empiécese este trino con la nota principal.

28341

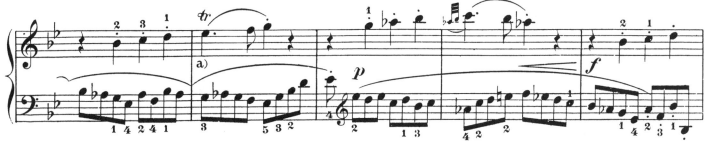

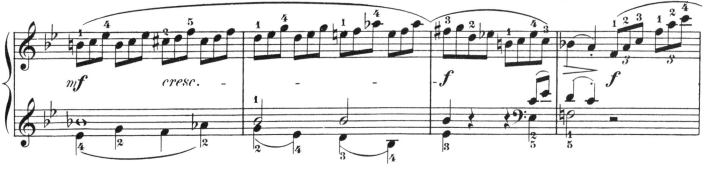

a)

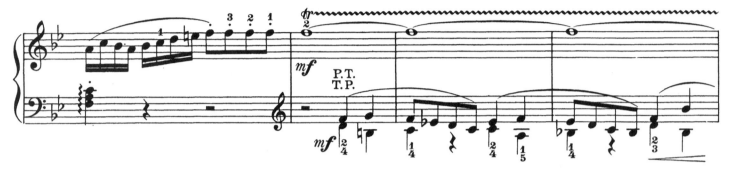

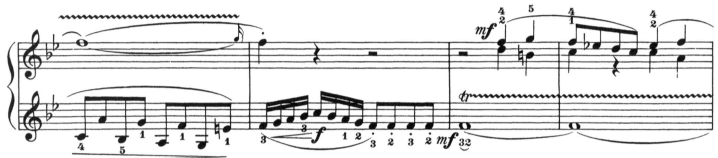

a)

Sonata VII

Edited, revised and fingered by
Richard Epstein

Abbreviations: P. T., Principal Theme; S. T., Secondary Theme; D., Development; Ep., Episode; R., Return.

Abreviaciones: T. P., Tema Principal; T. S., Tema Segundo; D., Desarrollo; Ep., Episodio; R., Retorno.

28341

a) b) 24 3 1 3 easier: facilitado: c) d) easier: facilitado:

Close I
1ª Coda

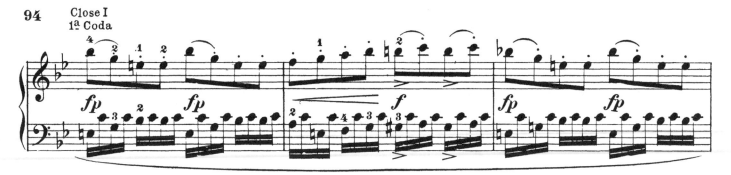

Close II
2ª Coda

Close III
3ª Coda

a)

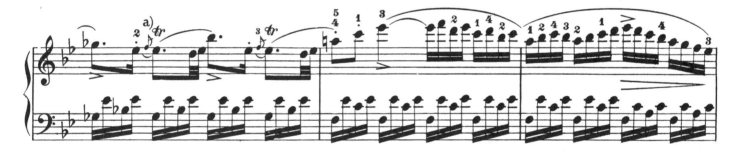

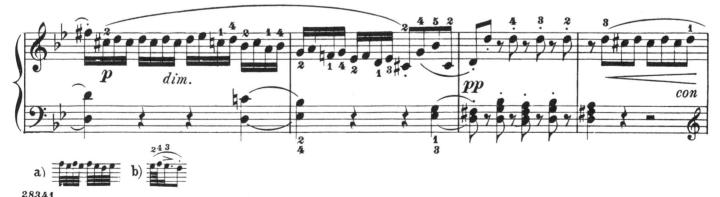

28341

a)
28341

Close I
1ª Coda

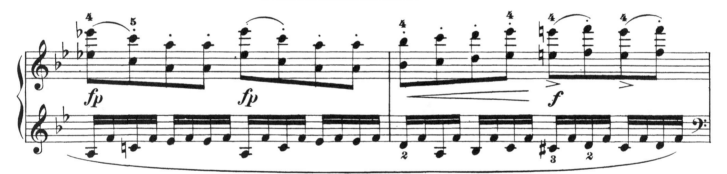

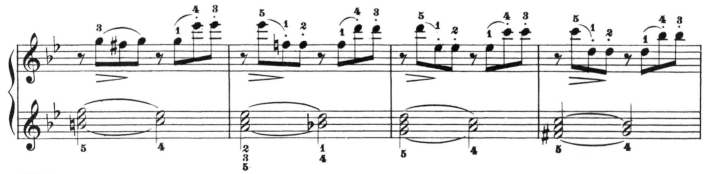

28341

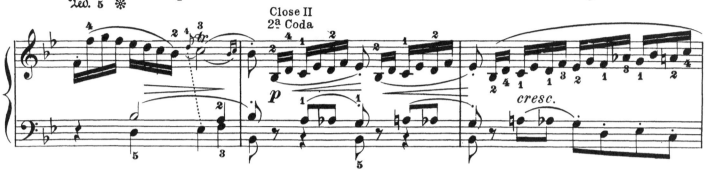

Close II
2ª Coda

Close III
3ª Coda

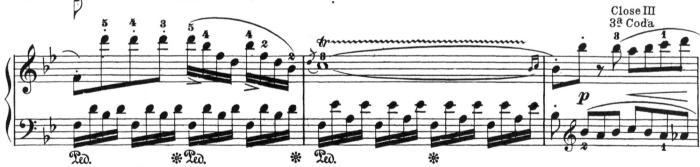

Andante cantabile ($\quarternote = 56$)

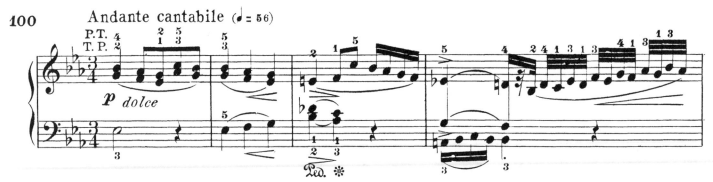

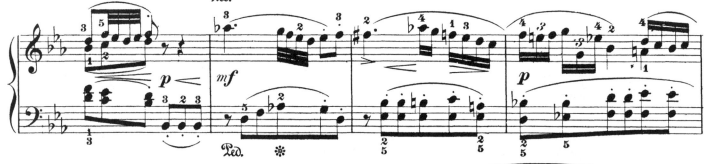

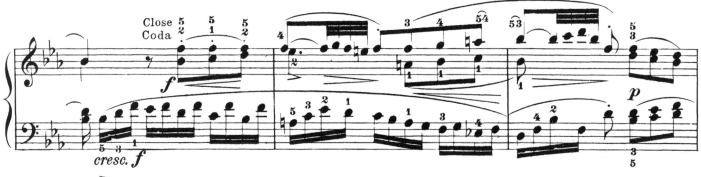

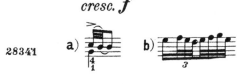

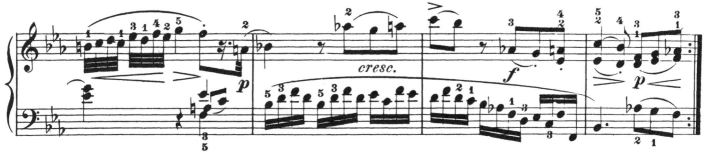

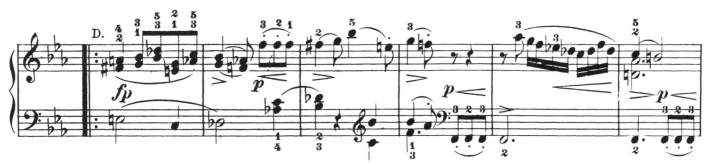

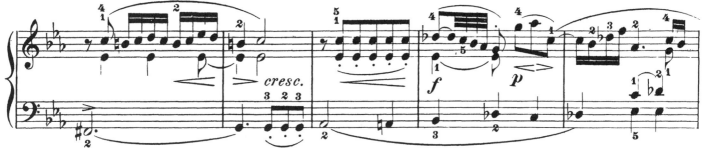

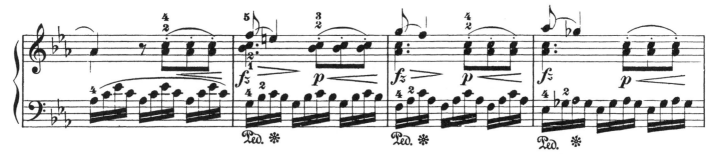

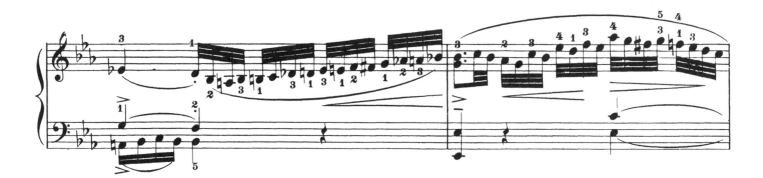

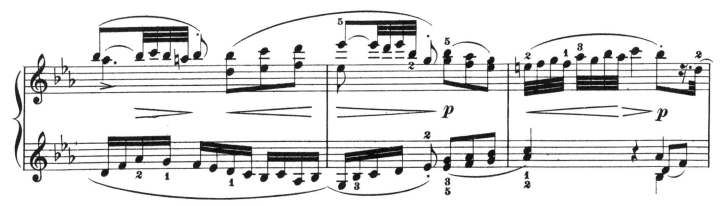

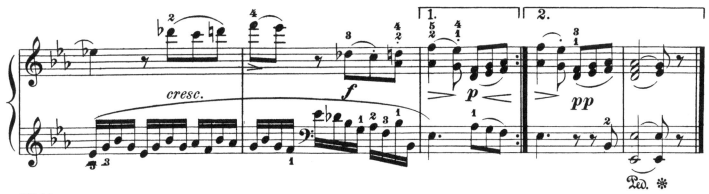

28341

Allegretto grazioso (♩ = 138)

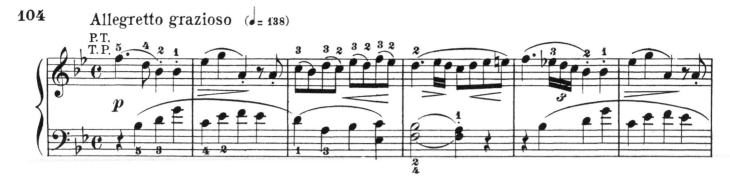

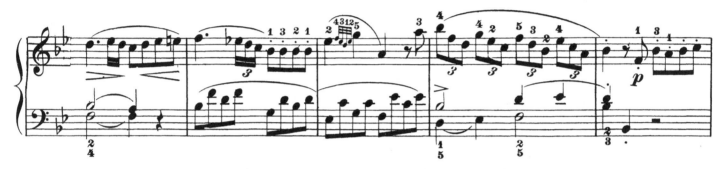

a)

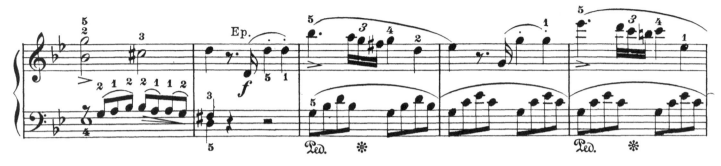

a)

28341

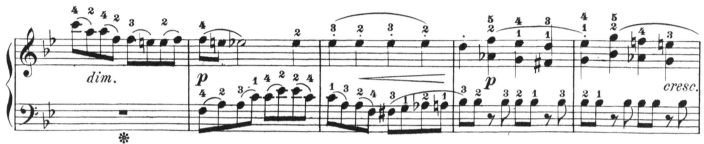

Sonata VIII

*Edited, revised and fingered by
Richard Epstein*

Abbreviations: P. T., Principal Theme; S. T., Secondary Theme; D., Development; Ep., Episode.

Abreviaciones: T. P., Tema Principal; T. S., Tema Segundo; D., Desarrollo; Ep., Episodio.

28341

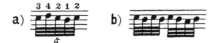

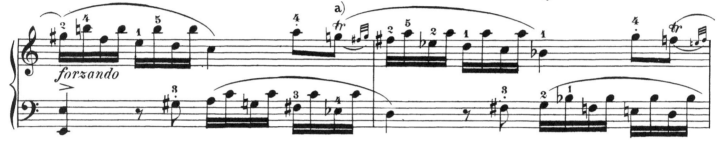

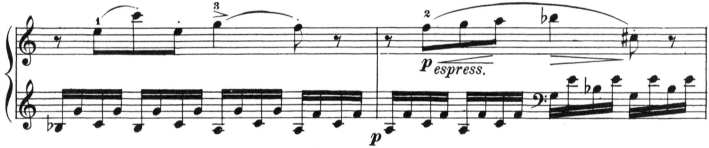

S.T.
T.S.

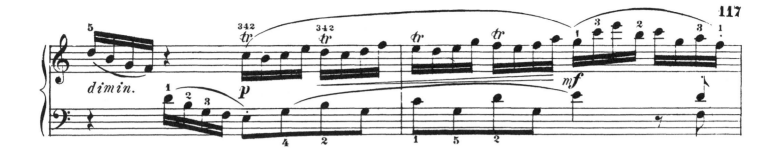

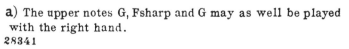

a) The upper notes G, Fsharp and G may as well be played with the right hand.

a) Las notas superiores Sol, Fa# y Sol, pueden tocarse si se quiere con la mano derecha.

28341

119

Close I
1ª Coda

Close II
2ª Coda

Allegro (♩=120)
P. T. T. P.

Ep.
Ep. 3

a) tr

cresc.

mf

a) easier:
facilitado:

a) The notes of the middle part, B, Csharp, D, may be played with the right hand.

a) Las notas del medio, Si, Do♯ y Re, pueden ser tocadas igualmente con la mano derecha.

b)

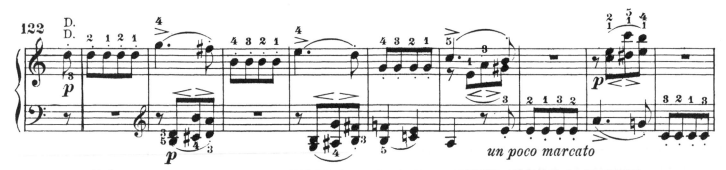

un poco marcato

a)

P.T.
T. P.

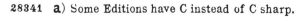

28341   a) Some Editions have C instead of C sharp.   a) Algunas ediciones tienen Do natural en vez del sostenido.

a) Comp. **a)** on page 121.   **a)** Mismas indicaciones que en la Pag. 121.

Sonata IX

Edited, revised and fingered by
Richard Epstein

Abbreviations: P.T., Principal Theme; S.T., Secondary Theme; M.T., Middle Theme.

Abreviaciones: T.P., Tema Principal; T.S., Tema Segundo; T.M., Tema Medio.

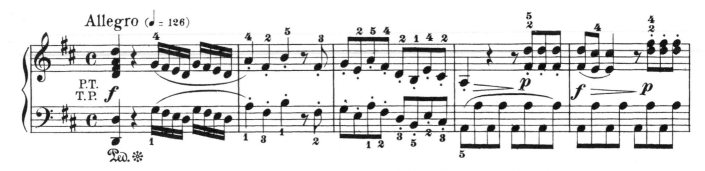

Printed in the U. S. A.

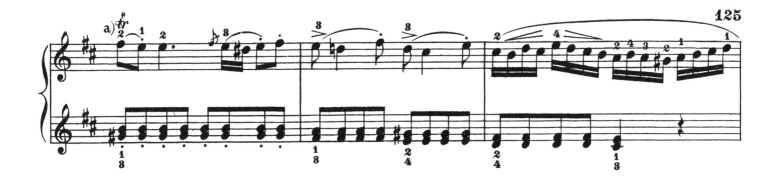

a)

Close
Coda

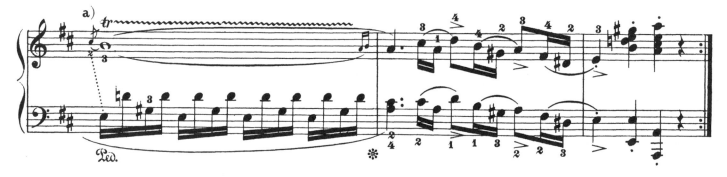

a)

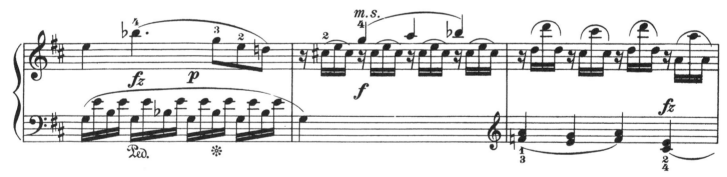

28341

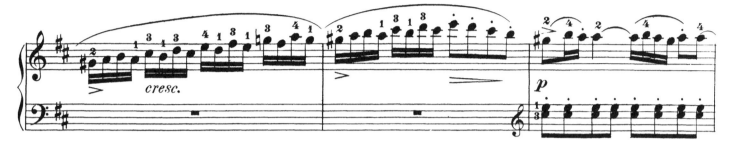

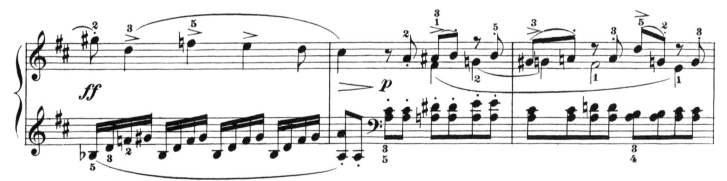

a)

28341

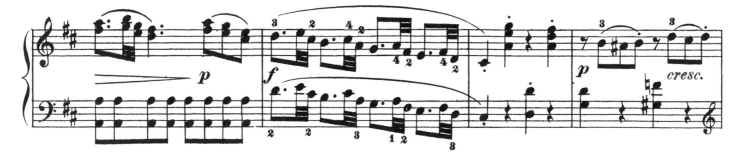

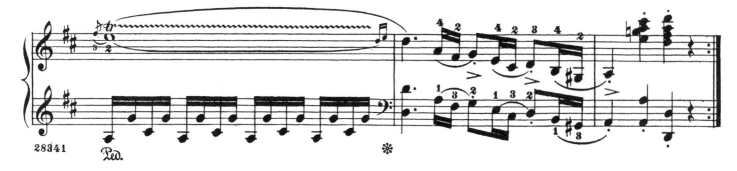

28341

Rondeau en Polonaise
Andante (♩ = 72)

a)

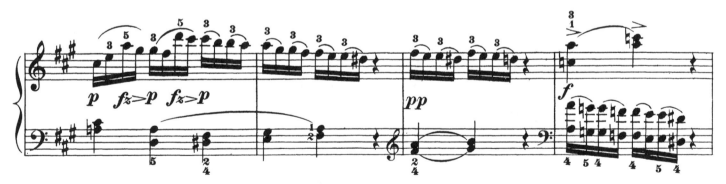

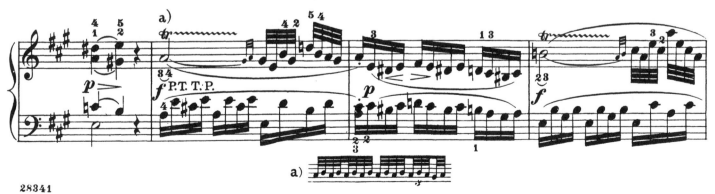

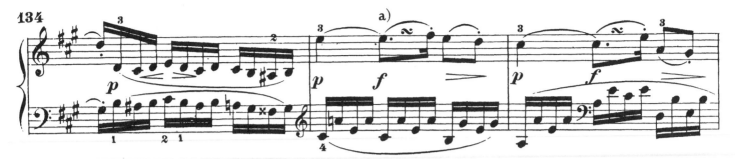

a)

Tema
Andante (♩ = 120)

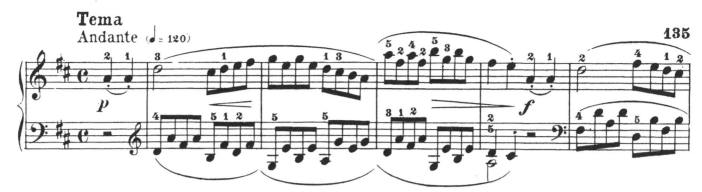

Var. I

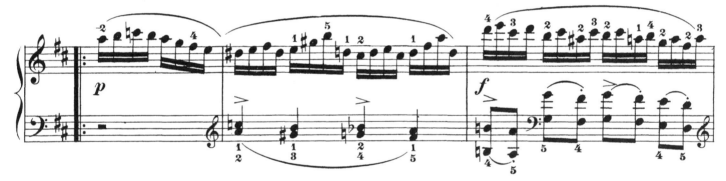

28341

28341

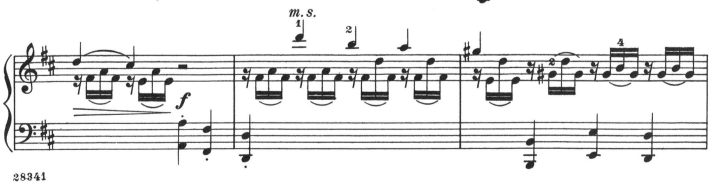

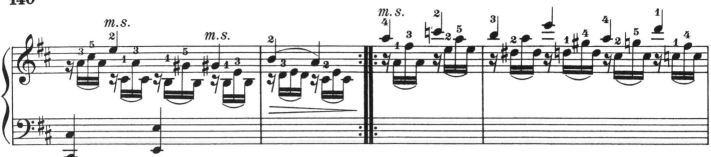

Var. VII
Minore (♩=112)

Var. VIII
Maggiore (♩ = 126)

Var. IX

Var. X.

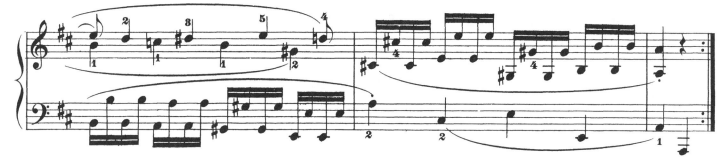

Var. XI
Adagio cantabile ($\quad$ = 92)

a)

Var. XII
Allegro ($\quarternote=132$)

a)

28341

Sonata X

Edited, revised and fingered by
Richard Epstein

Abbreviations: P. T., Principal Theme; Ep., Episode; S.T., Secondary Theme; D., Development; T., Transition.

Abreviaciones: T. P., Tema Principal; Ep., Episodio; T. S., Tema Segundo; D., Desarrollo; T., Transición.

Allegro con spirito ($\bullet$ = 144)

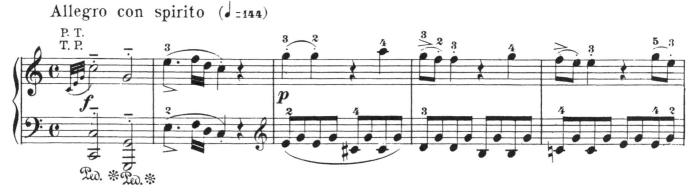

a) and **b)** A short trill, commencing on the principal note.

a) y **b)** Un trino corto, empezando con la nota principal.

28341

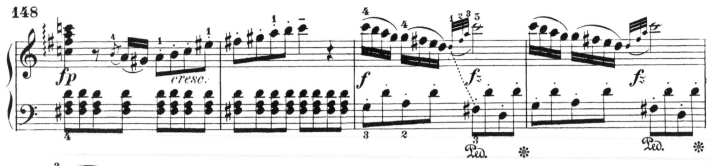

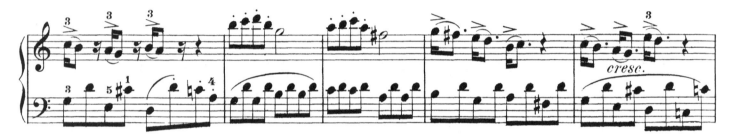

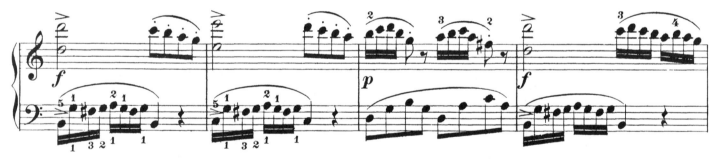

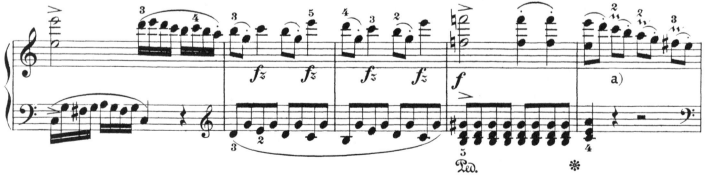

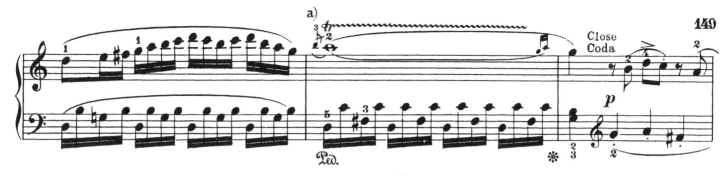

a) Play six notes on every quarter-note (crotchet).

a) Tóquense seis notas pon cada doble corchea de la mano izquierda.

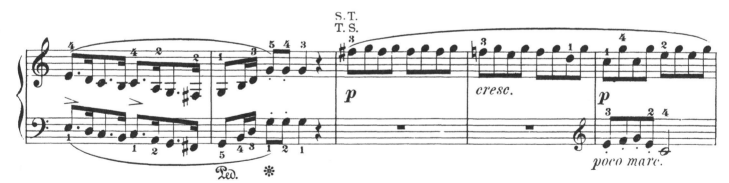

28341

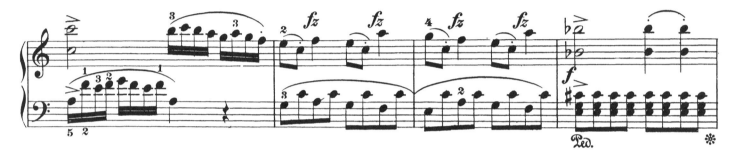

Close
Final

Andante un poco adagio (♩=50)

a)
28341

a) 𝄞

28341

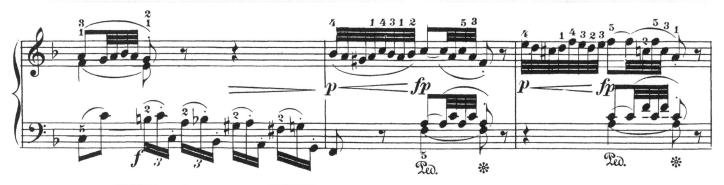

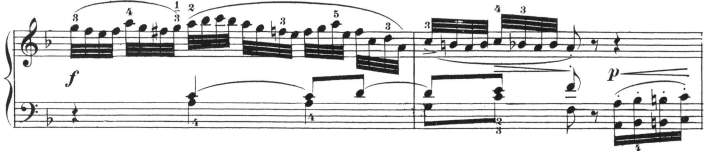

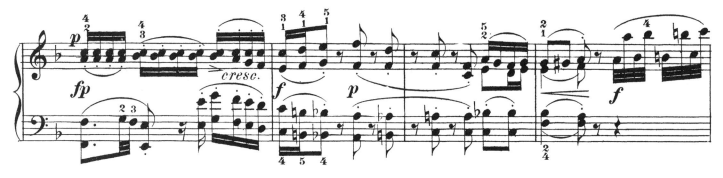

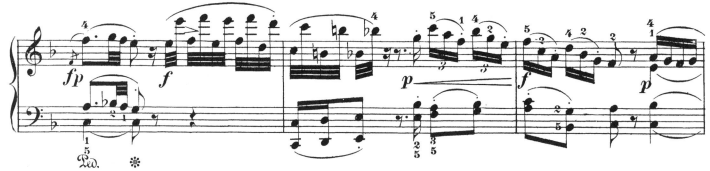

Rondo
Allegretto grazioso ($\quarternote = 88$)

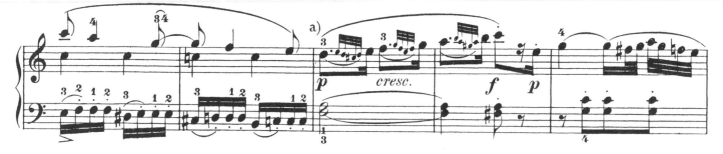

a)

28341

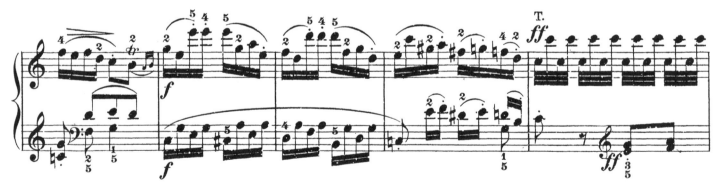

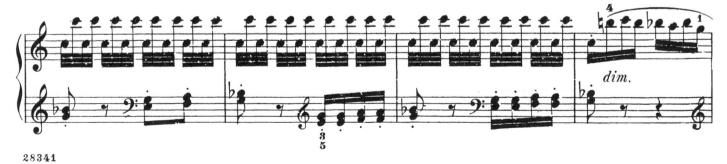

28341

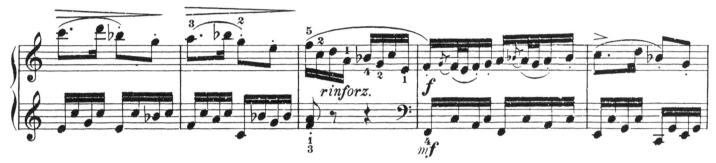

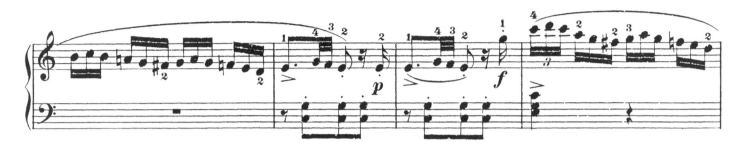

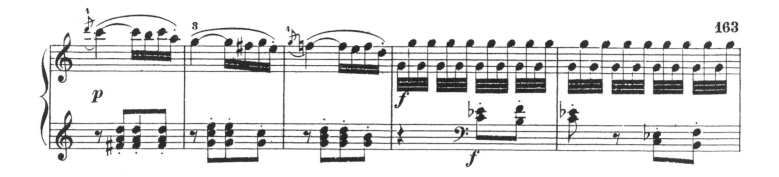

a) The octaves in this and the following measure may be played with both hands.

a) Las Octavas en este y el siguiente compás se pueden tocar con las dos manos.